Merci à tous ceux et celles qui ont contribué de près ou de loin à la réalisation de cet album. Un chaleureux merci à chacun des partenaires sans qui ce projet fou n'aurait jamais vu le jour. Plus que jamais, vos encouragements et votre participation dans ce défi m'ont rendu fier d'être Madelinot. J'espère que *Les Aventures de Néciphore* permettront de promouvoir notre magnifique région, nos particularités, nos accents, etc. Et surtout, je souhaite que les lecteurs éprouvent autant de plaisir à lire cet album que nous en avons eu à le produire.

À tante Carole, à ta force et à ton courage !

— Jean-François

Merci ! Lise, Henri-Paul, Valérie, Josée, Denis, Nadim, J-S, Annie, Benoît, Alain, nos nombreux partenaires et tous ceux et celles sans qui cette idée n'aurait jamais pris forme. Ce projet caricatural se veut un échantillonnage d'images souvenirs pour servir de toile de fond à l'essentiel de notre message : un hommage à la diversité culturelle et à la vie colorée des gens des Îles.

Pour Jordan qui se hisse au premier échelon de la vie, et Louis, qui m'inspire au-delà du dernier.

— Hugues

Avertissement
Toute ressemblance avec des individus réels est totalement volontaire. Néciphore et ses amis veulent transmettre ce qu'est la vie aux Îles-de-la-Madeleine avec ses joies, ses angoisses, ses singularités et surtout… ses folies.

Pour leur contribution au projet, nous désirons remercier spécialement et personnellement :
Lucien Presseault, Yvon Cormier et Francis Simard, des caisses populaires des Îles-de-la-Madeleine.

Desjardins
Caisses populaires des Îles

Dépôt légal : 2e trimestre 2003
2e édition : 2e trimestre 2005
Bibliothèque et Archives nationales du Québec
Bibliothèque nationale du Canada
ISBN 978-2-9808043-2-8
Imprimé au Canada par Litho Mille-Îles

Tous droits réservés
555, chemin du Gros-Cap
Étang-du-Nord (Québec)
G4T 3M1
www.leventquivente.com

LITHO
MILLE ILES
IMPRIMERIE
355, rue GEORGES VI,
TERREBONNE (QUÉBEC)
J6Y 1N9
Tél.: (450) 621-4856
Fax: (450) 621-6820

SODEC
Québec
L'éditeur reconnaît l'aide financière de la SODEC.

JEAN-FRANÇOIS GAUDET ET HUGUES POIRIER
PRÉSENTENT

LES AVENTURES DE

NÉCIPHORE

SCÉNARIO DE JEAN-FRANÇOIS GAUDET ET HUGUES POIRIER
TEXTES DE JEAN-FRANÇOIS GAUDET
DESSINS DE HUGUES POIRIER

collaboration aux dessins :
MARCEL LEVASSEUR

correction des textes :
FRÉDÉRIQUE PELLETIER LAMOUREUX

PRODUCTION
LE VENT QUI VENTE
COMMUNICATIONS

Qui sème le vent, récolte.

www.leventquivente.com

LA CRÉATION

Lorsque le Créateur eut achevé Son œuvre, Il S'escora* sur un gros nuage blanc, poussa un soupir contemplatif et S'escoua* les mains en signe de satisfaction. Alors tomba de ces dernières une poussière minuscule qui se déposa sur Sa création. Embêté, Il tenta de souffler sur cette poussière afin d'en libérer le fruit de Son travail. Il souffla en vain pendant 17 jours sans parvenir à faire partir cet imprévu qui le tracassait. Lorsqu'Il S'approcha finalement pour donner force à Son souffle, Il réalisa, en regardant la poussière de plus près, qu'elle était composée de toutes les beautés du monde qu'Il avait créées auparavant, qu'elle représentait l'endroit idéal pour le paradis terrestre.

Surpris et content de Sa découverte, le Créateur caressa Sa barbe et Se tourna vers Son bon ami Néciphore. Il lui dit : « Garçon, tu vois ce petit point, ce sont les Îles-de-la-Madeleine, voilà ton royaume. Partage cette richesse avec les tiens, respecte ce que Je t'ai enseigné et vis heureux. Alors, tu seras le roi du monde ! »

Encore aujourd'hui, sur les Îles, à tout moment on peut ressentir le souffle du Créateur. Mais « La brise du bon Dieu », comme on l'appelle maintenant, n'a plus comme objectif de rayer les Îles de la carte. Oh non ! Aujourd'hui, « La brise du bon Dieu » nous informe que le Créateur, toujours sur Son gros nuage blanc, S'amuse à faire chanter les portes et les fenêtres, s'égaye à voir danser les poissons et S'occupe à caresser les cheveux des enfants.

* Voir glossaire à la fin du livre, pour ce mot et tous ceux qui figurent en gras dans le texte.

FIN AVRIL, AUX ÎLES-DE-LA-MADELEINE, LES PÊCHEURS FÉBRILES PRÉPARENT LEURS CAGES POUR LA **RUN** DU HOMARD. À UNE SEMAINE DU GRAND DÉPART, AVEC UN VENT DU LARGE QUI BALAIE CET ARCHIPEL PERDU EN PLEIN GOLFE DU SAINT-LAURENT, ON SENT DÉJÀ TOUTE L'EXCITATION D'UNE NOUVELLE SAISON QUI COMMENCE.

PÊCHER, PÊCHER, AUX ÎLES-DE-LA-MADELEINE, C'EST BEAUCOUP DE TRAVAIL ET BEAUCOUP DE PEINE... *

OUI MA GERMAINE, CETTE ANNÉE JE SENS QUE **ÇA VA ÊTRE FORT** DANS L'HOMARD.

TIC! TIC!

* PÊCHER AUX ÎLES, CÉLÈBRE CHANSON DU FOLKLORE ACADIEN

COMME LE DISAIT MON DÉFUNT PÈRE AVILA...

« MON GARÇON, LE HOMARD C'EST COMME LES FEMMES : QUAND LE PRINTEMPS ARRIVE, C'EST LE TEMPS DE LES SÉDUIRE AVEC DE LA BONNE **BOUETTE**! »

AH! TIENS, ÇA DOIT ÊTRE ÉVARISSE.

PEUUUT!!!

PEUUT

AU TOURNANT DE LA **BARRIÈRE**, VOILÀ ÉVARISSE TRAÎNANT SON FAMEUX **DOLOSSE**.

POOOC!

SALUT NÉCIPHORE! ES-TU PARÉ POUR SAMEDI PROCHAIN?

MOI OUI, MAIS LA MÉTÉO DONNE DES GROS VENTS DU **NOROÎT** POUR TOUTE LA FIN DE SEMAINE. PIS ÇA FAIT TROIS JOURS QUE LES VACHES SONT SUR LE FAÎTE DE LA BUTTE. J'PENSE QU'IL VA FALLOIR ATTACHER NOS **CANEÇONS** À **GRANDES MANCHES** AVEC DE LA **BROCHE**!!!

PAF!

MAIS TOUT EST FIN PRÊT. AS-TU LE TEMPS DE BOIRE UNE P'TITE **CANISSE**?

BAH! TU SAIS QUE J'EN REFUSE JAMAIS UNE.

FÉLICITATIONS

25 ans de bonheur

ARMANDE!!! PEUX-TU ALLER DANS LA **DÉPENSE** PIS NOUS RAMENER DEUX **CANISSES**?

GRRR!!!

TAC TAC

SANTÉ, MATELOT! QUE DIEU BÉNISSE NOS PRISES ET NOUS PROTÈGE DU NAUFRAGE.

SANTÉ, CAPITAINE! À NOTRE NOUVELLE SAISON DE PÊCHE, ET QUE DIEU NOUS PARDONNE NOS FOLIES.

DÉBUT MAI; ENFIN LES PÊCHEURS PARTENT POUR LE LARGE.

QUELQUES MINUTES AVANT LE GRAND DÉPART POUR LA COURSE AUX MEILLEURS FONDS...

LARGUE LES AMARRES, ÉVARISSE!

AU SIGNAL, TOUS LES PÊCHEURS POUSSENT LES MOTEURS POUR RETROUVER LEURS FONDS DE PRÉDILECTION.

SUR LEURS VISAGES, EN CETTE NUIT FROIDE ET VENTEUSE, ON PEUT VOIR LE BONHEUR QUI S'Y EST RÉFUGIÉ L'ESPACE D'UN INSTANT. CHAQUE ANNÉE, EN CETTE PÉRIODE DE GRANDE ÉMOTION, NÉCIPHORE SE SENT UN PEU COMME S'IL ÉTAIT LE ROI DU MONDE.

ARRIVÉ SUR LES LIEUX, VITE ON MET LES CAGES À L'EAU ET, PEU À PEU, LES **TRAWLS** SE DÉPOSENT SUR LES FONDS...

VAS-Y NÉCIPHORE, ÇA FAIT UN AN QU'ILS NOUS ATTENDENT!

APRÈS UNE AUTRE ESCALE AU QUAI POUR SE RAVITAILLER EN CAGES...

... ET PLUSIEURS HEURES DE DUR LABEUR, LES CASIERS SOIGNEUSEMENT POSITIONNÉS ATTENDRONT LA VISITE DE L'OR ROUGE... LE SUCCULENT ET RÉPUTÉ HOMARD DES ÎLES-DE-LA-MADELEINE.

...LÀ, J'ARRIVE À **POINTE-AUX-LOUPS**.

OÙ ÇA? LE SIGNAL RENTRE MAL, J'AI PAS COMPRIS!

BEN LÀ, J'DÉPASSE **POINTE-AUX-LOUPS**! J'AI UN SOUPER CHEZ LA BELLE-MÈRE... OUBLIE-MOI POUR LE **PARTY**; CE SOIR, CE SONT LES BONNES OEUVRES...

DIX-QUATRE, Y A **PAS DE SOIN**, BONHOMME, BON SOUPER!

PUIS, NÉCIPHORE MET LA RADIO AU 92,7 FM, LA STATION DES ÎLES QUI NOUS RÉSERVE, À L'OCCASION, BIEN DES SURPRISES.

ET LE TIRAGE AU PROFIT DE LA MAISON DES JEUNES, POUR UN MAGNIFIQUE VOYAGE AU MEXIQUE...

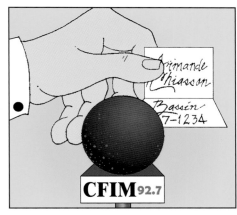

CFIM **92.7**

ON FÉLICITE MADAME ARMANDE CHIASSON!

GÂDÈME, LA FEMME! SI TU PENSES ME FAIRE EMBARQUER DANS UN AVION! T'AS BESOIN DE TE LEVER AVANT LE COQ PIS LES POULES PIS TOUT L'**RÂCLOS**.

AUX ÎLES, LE MOIS DE JUIN COÏNCIDE GÉNÉRALEMENT AVEC L'ARRIVÉE DES PREMIERS TOURISTES DE L'ÉTÉ.

C.T.M.A.

MADELEINE

TIENS, TIENS, DU MONDE DE LA **GRANDE TERRE** SUR LE **POUCE**.

VOYONS S'ILS ONT DES **PALABRES** POUR NOUS!

BONJOUR! NOUS ALLONS À CAP-AUX-MEULES, NOUS SOMMES DES TOURISTES EN VISITE AUX ÎLES.

GRRR!!!

AH! OUI? VRAIMENT... J'AURAIS JAMAIS CRU ÇA!

OUI, ET NOUS CHERCHONS UN PÊCHEUR QUI NOUS MONTRERAIT CE QU'EST LA PÊCHE AU HOMARD. VOUS EN CONNAISSEZ UN, PAR HASARD?

AUX ÎLES, IL SUFFIT SIMPLEMENT DE DEMANDER POUR RECEVOIR. NOS DEUX TOURISTES ACCOMPAGNERONT DONC NÉCIPHORE ET ÉVARISSE POUR LA PROCHAINE LEVÉE DES CAGES.

ALORS, À DEMAIN MES BRAVES COMPAGNONS!

LE LENDEMAIN, AVANT-JOUR...

OUF! ÇA BRASSE UN PEU AUJOURD'HUI, VOUS NE TROUVEZ PAS?

... QUELQUES INSTANTS AVANT LE DÉPART.

N'AIE PAS PEUR CHÉRIE, JE SUIS LÀ! ÇA VA BIEN ALLER!

EN ROUTE POUR LE LARGE, LES TOURISTES INTERROGENT LES VIEUX LOUPS DE MER.

MONSIEUR ÉVARISSE, EST-CE QUE VOUS AVEZ DES POISSONS TROPICAUX, AUX ÎLES?

OH! NON MADAME. AUX ÎLES, TOUS NOS POISSONS SONT JUSTE ASSEZ **PICOTS!**

EST-CE QUE VOUS NAVIGUEZ DEPUIS LONGTEMPS?

DEPUIS QUE LE MONDE EST MONDE! ET VOUS, VOUS ÊTES INTÉRESSÉE PAR LA NAVIGATION ET LES BATEAUX?

SI L'ON PEUT DIRE. DEPUIS QUE J'AI VU LE FILM *LE TITANIC...* C'EST... COMMENT DIRE... AH! J'AI TELLEMENT PLEURÉ À LA FIN...

AH OUI!? VOUS AVIEZ DE LA PARENTÉ À BORD?!

HÉ HÉ HÉ

MONSIEUR NÉCIPHORE, AVEC TOUT LE RESPECT QUE JE VOUS DOIS, NE TROUVEZ-VOUS PAS QU'IL Y A VRAIMENT DES GENS BIZARRES, AUX ÎLES?

AH! J'SUIS BIEN D'ACCORD! MAIS HABITUELLEMENT, APRÈS LEURS VACANCES ILS RETOURNENT CHEZ EUX. TU SAIS, GARÇON, ICI ON LES AIME PAREIL NOS TOURISTES, MÊME LES PLUS BIZARRES.

PAF!

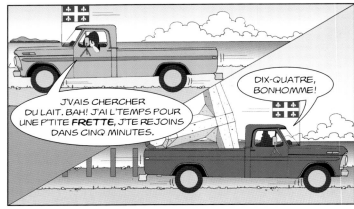

MON DÉFUNT PÈRE AVILA ME L'A TOUJOURS DIT: « C'EST PAS AVEC DU **MACAROUNI** QUE TU NOURRIS UN HOMME POUR LA JOURNÉE! »

AVILA, LUI, IL ÉTAIT **EN AVANT DE SA BOUÉE!**

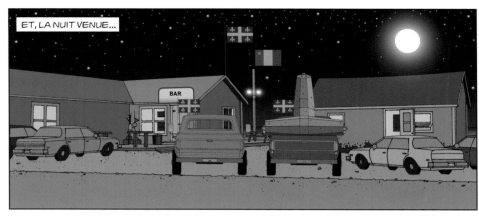

ET, LA NUIT VENUE...

HEILLE! NÉCIPHORE, ON VA FAIRE UN TOUR AU FEU DE CAMP SUR LA DUNE À FATIMA?

HUM! ME SEMBLE QUE J'OUBLIE QUELQUE CHOSE MOI... BAH, OKAY! GO POUR LA DUNE!

UNE TRENTAINE DE MINUTES PLUS TARD.

ON POURSUIT AVEC LE **REEL** DE LA SAINT-JEAN-BAPTISTE.

AUX PETITES HEURES, NÉCIPHORE DÉBARQUE CHEZ LUI. HEUREUSEMENT, C'EST CONGÉ CAR LES BATEAUX RESTENT À QUAI LE DIMANCHE.

REDOUTANT LE SCANDALE, SANS FAIRE DE BRUIT, NÉCIPHORE TENTE DE SE GLISSER DOUCEMENT SOUS LES COUVERTURES.

QUAND SOUDAIN... COMMENT VA-T-IL ÉCHAPPER À UN SORT TRAGIQUE?

BON! SIX HEURES, C'EST LE TEMPS DE SE LEVER ET D'ALLER TRAVAILLER!

QUE LA JOURNÉE FUT LONGUE ET PÉNIBLE! MAIS NÉCIPHORE AVAIT ÉVITÉ UNE GUERRE DE JUSTESSE... ET EN FINESSE.

COMME TOUTE BONNE CHOSE A UNE FIN, LES PREMIERS JOURS DE JUILLET ANNONCENT LA FIN DE LA SAISON DU HOMARD ET LE DÉBUT DES FESTIVITÉS POUR TOUT PÊCHEUR QUI SE RESPECTE.

ENCORE UNE SAISON DE TERMINÉE, ET NOS VIEUX OS ONT TENU LE COUP!

AVEC 13 500 LIVRES À NOUS SEULS, ÇA VA **PAYER LE TABAC** ET FAIRE DES HEUREUX AUX QUATRE COINS DU MONDE!

MES BOTTES À **ZIP** SONT DÉJÀ CIRÉES. ON SE REJOINT CE SOIR AU FESTIVAL DU PÊCHEUR!

J'PENSE QU'ON A UNE SAISON À FÊTER, **CHUMMY**!

PLUS TARD DANS LA SOIRÉE, NOS DEUX COMPARSES SE RETROUVENT SUR LE QUAI DE L'ÉTANG-DU-NORD POUR LE FESTIVAL DU PÊCHEUR.

VAS-Y DENIS, FAIS NOUS UN BEAU P'TIT SOLO...

L'ENTHOUSIASME EST À SON COMBLE...

WOW! Y A DU MONDE ICI. ON POURSUIT ÇA AVEC LE **REEL** DU FESTIVAL DU PÊCHEUR.

J'SAIS PAS QUI VA GAGNER LES ÉLECTIONS CETTE ANNÉE, HEIN JOSEPH?

D'APRÈS MOI, FLAVIEN À ANTOINE VA SE FAIRE RÉÉLIRE HAUT LA MAIN!

AH! BEN **CALVÂSSE**! TIENS PAS ERNEST À GASPARD POUR BATTU. IL A ÉTÉ À LA BONNE ÉCOLE.

MAIS FLAVIEN A TOUTE UNE ÉQUIPE DERRIÈRE LUI!

L'ÉQUIPE! L'ÉQUIPE! C'EST BIEN BEAU, MAIS SI LE CANDIDAT PASSE PAS, L'ÉQUIPE ELLE EST **POGNÉE** AVEC DE L'EAU DANS LA CALE.

MOI JE GAGE UN DOUBLE GIN SUR ERNEST. AUX ÎLES, C'EST BIEN CONNU, QUAND T'ES **ROUGE** COMME LUI, ÇA FACILITE LA VICTOIRE!

PFFFT! MOI J'METS UN RHUM & COKE SUR FLAVIEN. ON SAIT BIEN QU'IL A TOUJOURS SU ALLER DU BON BORD.

ARRIVE ENFIN LA MINUTE DE VÉRITÉ.

ALORS, MESDAMES ET MESSIEURS, VOICI LE RÉSULTAT QUE VOUS ATTENDEZ TOUS AVEC IMPATIENCE...

AVEC 19 500 LIVRES CETTE ANNÉE, LE PÊCHEUR PAR EXCELLENCE... ERNEST À GASPARD À JÉRÉMIE À CLOPHASE À JOE!

HOURRA! BRAVO! HIP! HIP! HIP! PAF!

OKAY! UN DOUBLE GIN POUR GUSTAVE... BAH! PIS UN RHUM & COKE POUR MOI, TANT QU'À FAIRE... J'SUIS UN BON PERDANT!

AH! LES VACANCES ARRIVENT ENFIN. J'VAIS EN PROFITER POUR FAIRE CE QUE J'AIME LE PLUS AU MONDE.

AS-TU DES GROS PROJETS, NÉCIPHORE?

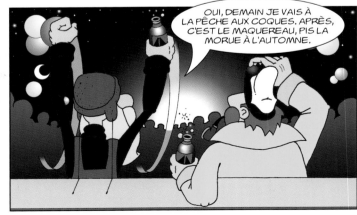

OUI, DEMAIN JE VAIS À LA PÊCHE AUX COQUES. APRÈS, C'EST LE MAQUEREAU, PIS LA MORUE À L'AUTOMNE.

LE LENDEMAIN, ON RETROUVE NÉCIPHORE, GERMAINE ET ARMANDE À LA **POINTE-AUX-LOUPS**, À MARÉE BASSE, POUR PÊCHER DES COQUES.

LA FEMME, PEUX-TU ME DONNER UNE **CANISSE** AVANT QUE ÇA COMMENCE?

ACTIVITÉ FAMILIALE PAR EXCELLENCE, LA PÊCHE AUX COQUES DEMANDE TOUT DE MÊME UNE RIGOUREUSE PRÉPARATION, DES CONNAISSANCES APPROFONDIES ET DE NOMBREUSES APTITUDES.

POUR L'EXPERT COMME POUR L'AMATEUR, LE SUCCÈS D'UNE BONNE PÊCHE REPOSE SUR LE SAVOIR...

SAVOIR CHOISIR LE BON **PLATIER**...

SAVOIR S'ÉQUIPER DE BONS OUTILS...

SAVOIR GARDER SON SANG-FROID EN TOUTES CIRCONSTANCES...

ET SAVOIR RAMASSER LES COQUES SANS RENVERSER SA BIÈRE.

HEILLE! ARMANDE, PEUX-TU ME DONNER UNE AUTRE **CANISSE** EN VITESSE, AVANT QUE ÇA COMMENCE?

GRRRRR!!!

PETIT À PETIT, LES COQUES S'ENTASSENT DANS LE **SIAU**.

ENFIN, PAS DANS CELUI DE NÉCIPHORE...

BON, J'AURAIS LE TEMPS POUR UNE AUTRE **CANISSE** AVANT QUE...

ÇA VA FAIRE! FINIS DE REMPLIR TON **5 GALLONS**. T'AS ASSEZ BU POUR **ASTEUR**.

BON! VOILÀ QUE ÇA RECOMMENCE!

EN PLEIN COEUR DE L'ÉTÉ, LES **VACANCES DE LA CONSTRUCTION** BALAYENT LES ÎLES D'UNE MARÉE HUMAINE IMPRESSIONNANTE. POUR RÉPONDRE À LA DEMANDE DES TOURISTES, PLUSIEURS INSULAIRES DÉCIDENT DE LOUER LEUR DEMEURE ET EN PROFITENT POUR SE PAYER DU BON TEMPS.

FINI LE FROTTAGE, ARMANDE! NOS TOURISTES ARRIVENT DANS DEUX MINUTES!

BONJOUR CHERS MADELINOTS! NOUS SOMMES CONTENTS D'ÊTRE PARMI VOUS.

NOUS SOMMES HEUREUX DE VOUS ACCUEILLIR DANS NOTRE HUMBLE DEMEURE, ET SOYEZ LES BIENVENUS DANS L'ARCHIPEL.

ALORS, QU'EST-CE QUE VOUS ALLEZ FAIRE DURANT LA PROCHAINE SEMAINE, SANS VOTRE MAISON?

NOUS PARTONS À L'AVENTURE À LA **MARTINIQUE**!

WOW! LA MARTINIQUE... LE RÊVE!

HUM! LA **MARTINIQUE**... LE RÊVE!

VOUS PASSEREZ NOUS VOIR SI VOUS AVEZ DEUX MINUTES DE **LOUSSE**, MAIS AVANT DE VOUS LAISSER À VOS VACANCES, J'AIMERAIS VOUS MONTRER QUELQUE CHOSE.

PAF!

16

VOICI VERTU, BROWNY ET NOIRAUD. VERTU MANGE LE PLASTIQUE, LE MÉTAL ET LE PAPIER; BROWNY, LES RESTES DE TABLE ET NOIRAUD, CE QUE LES DEUX AUTRES NE MANGENT PAS!

C'EST BIEN COMPRIS? JE COMPTE SUR VOUS POUR QU'AUCUN DE MES PROTÉGÉS NE FASSE UNE INDIGESTION EN MON ABSENCE.

PLUS TARD DANS LA JOURNÉE, À LA **MARTINIQUE**.

HO! HO! HO! Y A RIEN COMME LE **NOËL DU CAMPEUR** POUR S'ÉPIVARDER UN PEU.

NÉCIPHORE, **YOÙSQUE** T'AS CACHÉ LA MÈRE NOËL??

LA MÈRE NOËL EST PARTIE AVEC LE LUTIN JOSEPH POUR SE REFAIRE UNE BEAUTÉ.

S'ILS ATTENDENT LA BEAUTÉ, AVEC LE LUTIN, J'PENSE QU'ILS NE SERONT PAS REVENUS AVANT LE JOUR DE L'AN!

SOUS LE SOLEIL DE JUILLET, ARMANDE ET JOSEPH FONT UNE PETITE PAUSE SANTÉ EN PROFITANT D'UN CADEAU DE DAME NATURE. RIEN DE TEL QU'UN BAIN D'ARGILE POUR FAIRE PEAU NEUVE... JOYEUX NOËL!

CHAQUE ANNÉE, POUR LE FESTIVAL ACADIEN, TOURISTES ET MADELINOTS SE RÉUNISSENT SUR LA **GRAVE** POUR LE CONCOURS DE CONSTRUCTION DES PETITS BATEAUX. LORS DE CET ÉVÉNEMENT FAMILIAL PAR EXCELLENCE, LES ÉQUIPES DISPOSENT DE QUELQUES HEURES POUR FABRIQUER UN BATEAU DESTINÉ À LA COURSE.

Les Heureux Naufragés

Les Laborieux

J'VAIS VOUS JOUER LE **REEL** DES PETITS BATEAUX, POUR VOUS ENCOURAGER UN PEU!

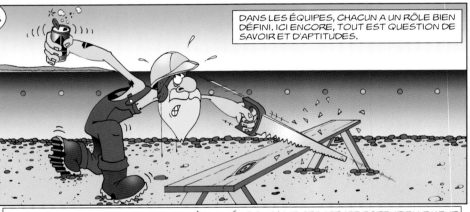

DANS LES ÉQUIPES, CHACUN A UN RÔLE BIEN DÉFINI. ICI ENCORE, TOUT EST QUESTION DE SAVOIR ET D'APTITUDES.

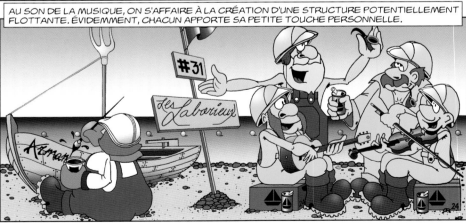

AU SON DE LA MUSIQUE, ON S'AFFAIRE À LA CRÉATION D'UNE STRUCTURE POTENTIELLEMENT FLOTTANTE. ÉVIDEMMENT, CHACUN APPORTE SA PETITE TOUCHE PERSONNELLE.

TE SENS-TU EN FORME POUR ÊTRE LE CAPITAINE AUJOURD'HUI?

LES RÈGLES DE LA COURSE EXIGENT DE PARCOURIR UNE DISTANCE PRÉCISE À LA RAME, DE FAIRE DEMI-TOUR ET DE REVENIR À LA VOILE.

AVEC LES RAMES QUE J'AI **GOSSÉES**, J'VAIS VOLER.

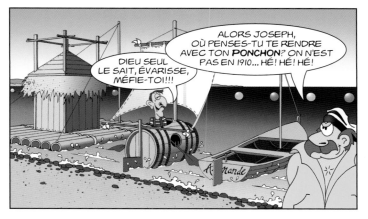

ALORS JOSEPH, OÙ PENSES-TU TE RENDRE AVEC TON **PONCHON**? ON N'EST PAS EN 1910... HÉ! HÉ! HÉ!

DIEU SEUL LE SAIT, ÉVARISSE, MÉFIE-TOI!!!

DÈS LE COUP DE DÉPART, CERTAINES EMBARCATIONS FILENT À TOUTE ALLURE, ALORS QUE D'AUTRES SE DIRIGENT TOUT DROIT... VERS LE FOND.

GRÂCE À SES RAMES ET À SA FORCE, ÉVARISSE ARRIVE À MI-COURSE AVEC UNE BONNE LONGUEUR D'AVANCE SUR LES AUTRES CONCURRENTS.

MAIS APRÈS AVOIR CONTOURNÉ LA BOUÉE QUI MARQUE LA MI-COURSE, IL FAUT REVENIR À BON PORT À LA VOILE. EH OUI! LA VOILE EST L'ÉLÉMENT CLÉ QUI MÈNE À LA VICTOIRE. MAIS AU FAIT, QUI S'OCCUPAIT DE FABRIQUER LA VOILE POUR LES LABORIEUX?

OUPS!

ALORS QUE JOSEPH SEMBLE ÉPROUVER DES PROBLÈMES DE GOUVERNAIL, ÉVARISSE MET À PROFIT SON INTELLIGENCE POUR CORRIGER LE PETIT OUBLI.

MAIS MALHEUREUSEMENT, BIEN QU'ORIGINALE, LA VOILE IMPROVISÉE NE SAUVE GUÈRE ÉVARISSE DU NAUFRAGE. QUANT À JOSEPH ET SON **PONCHON**...

UNE SEMAINE PLUS TARD, ON RETROUVE NOS ARTISTES EN HERBE SUR LA PLAGE DU **SANDY HOOK**. ACTIVITÉ TRÈS PRISÉE, LE CONCOURS DE CHÂTEAUX DE SABLE ATTIRE CHAQUE ANNÉE DES MILLIERS DE VISITEURS.

Les heureux Naufragés II

La Laborieuse

J'PENSE QUE JE VAIS VOUS JOUER LE **REEL** DES CHÂTEAUX DE SABLE POUR STIMULER VOTRE CRÉATIVITÉ!

DANS CHAQUE ÉQUIPE, DES TÂCHES BIEN DÉFINIES ATTENDENT LES PARTICIPANTS. LA PREMIÈRE DE CES TÂCHES: RETOMBER EN ENFANCE POUR LA JOURNÉE COMPLÈTE.

LA DEUXIÈME DE CES TÂCHES: BIEN SUIVRE LA STRATÉGIE DE DÉPART.

AVEC LE SOLEIL AU RENDEZ-VOUS, C'EST PLUS DE DIX MILLE PERSONNES QUI SE RENCONTRENT POUR S'AMUSER ET ADMIRER LES CRÉATIONS IMPRESSIONANTES DES COMPÉTITEURS...

ALORS, LE GAGNANT DANS LA CATÉGORIE COMPÉTITION... ON FÉLICITE TOUS ENSEMBLE L'ÉQUIPE NUMÉRO DOUZE : CENDRILLON!

#12
Cendrillon

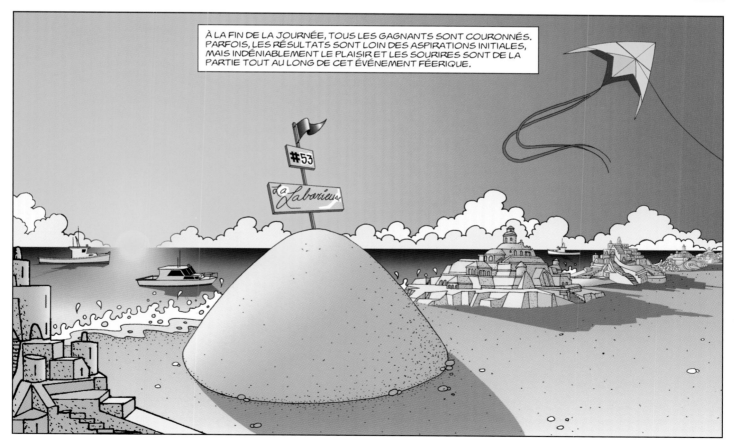

À LA FIN DE LA JOURNÉE, TOUS LES GAGNANTS SONT COURONNÉS. PARFOIS, LES RÉSULTATS SONT LOIN DES ASPIRATIONS INITIALES, MAIS INDÉNIABLEMENT LE PLAISIR ET LES SOURIRES SONT DE LA PARTIE TOUT AU LONG DE CET ÉVÉNEMENT FÉERIQUE.

#53
La Laborieuse

DEPUIS LONGTEMPS, LES VÉLIPLANCHISTES ET KAYAKISTES CONNAISSENT LA JOIE QUE PROCURE LA BRISE D'AUTOMNE. MÊME SI CETTE DERNIÈRE EMPORTE AVEC ELLE LA GRANDE MAJORITÉ DES TOURISTES, CERTAINS IRRÉDUCTIBLES PROFITENT ALLÈGREMENT DES PETITS BONHEURS DE CETTE MAGNIFIQUE SAISON.

HEILLE! NÉCIPHORE, SAVAIS-TU QU'ILS ONT TELLEMENT CREUSÉ, À LA **MINE DE SEL**, QU'ILS ONT TROUVÉ DU POIVRE?

HA! HA! HA! POURVU QU'ILS NE TROUVENT PAS ENCORE DE L'EAU, ILS SONT **CORRECTS**!

J'TE DIS, AVEC L'AUTOMNE DE L'AUTRE BORD DES **CAPS**, PIS LES TOURISTES PARTIS, ÇA VA TOMBER TRANQUILLE AUX ÎLES!

TRANQUILLE! TRANQUILLE! ÇA DÉPEND TOUJOURS SI T'ES **VENT D'BOUTTE**! RAPPELLE-TOI L'ANNÉE DERNIÈRE AVEC LE CERF-VOLANT.

EN TOUTE SAISON, LE VENT DES ÎLES APPORTE SON LOT D'AVENTURES, MÊME POUR LES PLUS TÉMÉRAIRES D'ENTRE TOUS.

YAHOUUU!!

OHÉ! LES AMIS, TOUJOURS EN VISITE PARMI NOUS? ON S'EST PÊCHÉ UN BON PETIT SOUPER DE MAQUEREAUX, IL Y EN A POUR TOUT LE MONDE. ALORS, ON SE DONNE RENDEZ-VOUS À LA PLAGE!

AINSI, QUOI DE MIEUX QU'UN FESTIN PLUS FRAIS QUE NATURE, AGRÉMENTÉ D'UN MAGNIFIQUE TABLEAU D'ÉTOILES FILANTES, BERCÉ PAR L'HYMNE DES VAGUES, CARESSÉ PAR UNE PETITE BRISE D'AIR SALIN, RÉCHAUFFÉ PAR LA JUSTESSE D'UN FEU DE CAMP ET BIEN ARROSÉ D'HISTOIRES ROCAMBOLESQUES, SAVAMMENT EXAGÉRÉES PAR DEUX PÊCHEURS SYMPATHIQUES? RÉSERVEZ TÔT, PLACES LIMITÉES, SOURIRES GARANTIS!

MI-SEPTEMBRE; BALADE À L'ÎLE D'ENTRÉE.

ENDROIT MYTHIQUE DE L'ARCHIPEL, L'ÎLE D'ENTRÉE EST ISOLÉE DES AUTRES ÎLES. SA FAIBLE POPULATION, DE PLUS OU MOINS 150 PERSONNES, EST COMPOSÉE D'ANGLOPHONES, PRINCIPALEMENT DE DESCENDANCE ÉCOSSAISE OU IRLANDAISE.

BELLE JOURNÉE POUR UNE ESCAPADE EN AMOUREUX, HEIN GERMAINE?

CHAQUE ANNÉE, NÉCIPHORE SE FAIT UN DEVOIR, DU HAUT DE LA **BIG HILL**, DE RENOUVELER SES VOEUX D'AMOUR À SA DOUCE GRÂCE À UN PIQUE-NIQUE MINUTIEUSEMENT PRÉPARÉ.

APRÈS TOUT, IL PEUT BIEN CONSACRER UNE JOURNÉE PAR AN AU BONHEUR DE SA TENDRE MOITIÉ, ELLE QUI LUI REND SI BIEN LA PAREILLE.

OFFRANT UN DÉPAYSEMENT TOTAL, DE GRANDS ESPACES ET DE LA TRANQUILLITÉ À SOUHAIT, L'ÎLE D'ENTRÉE EST TOUTE INDIQUÉE POUR RAVIVER LA FLAMME D'UN COUPLE.

GERMAINE

SOUDAIN...

HI! HI! HI! C'EST PAS **ATTRIQUÉE** COMME ÇA QUE TU VAS ATTISER LES FEUX DE L'AMOUR, CHÉRIE!

AINSI, C'EST SUR CETTE TERRE D'ACCUEIL QUE LES DEUX AMOUREUX SE PERMETTENT DE PASSER UNE PARTIE DE LA JOURNÉE. PREMIER DÉFI: SE RENDRE AU SOMMET DE LA **BIG HILL**, D'OÙ LA VUE IMPRENABLE SÉDUIT À TOUT COUP.

GERMAINE

AH! MERCI. J'SAIS PAS CE QUE J'AI SUBITEMENT, MAIS JE ME SENS UN PEU FATIGUÉ.

POUR LE VISITEUR À L'OEIL ATTENTIF, IL EST AMUSANT DE CONSTATER QUE, SUR L'ÎLE D'ENTRÉE, LES VACHES ET LES CHEVAUX SE PROMÈNENT EN TOUTE LIBERTÉ...

REGARDE ARMANDE, LES BEAUX **PIEDS-DE-VENT** À L'HORIZON.

... ALORS QUE LES MAISONS, ELLES, SONT CLÔTURÉES.

RENDUS À DESTINATION, ARMANDE ET NÉCIPHORE SONT RAPIDEMENT CONFRONTÉS AU DEUXIÈME DÉFI...

... BRÛLER LES QUELQUES CALORIES QUI ACCOMPAGNAIENT LE GOÛTER.

PENDANT QUE TU VAS ALLER FAIRE UN TOUR, J'VAIS NETTOYER LE BATEAU ET **PIQUER UNE JASETTE** AVEC LES PÊCHEURS DU COIN.

BON! ENFIN LA PAIX. J'VAIS POUVOIR M'AMUSER UN PEU.

NICE BOAT!

GERMAINE

ET PENDANT QU'ARMANDE GAMBADE FOUGUEUSEMENT SUR L'ÎLE...

NÉCIPHORE REJOINT SA **NACELLE**.

LE GERMAINE! LE GERMAINE! ES-TU À L'ÉCOUTE? À TOI!

SALUT ÉVARISSE, J'SUIS À L'ÉCOUTE, À TOI!

ON EST EN FACE DU **CAP ALLRIGHT**, ARTHUR VA PLONGER UN PEU, VIENS DONC NOUS REJOINDRE.

AUSSITÔT DIT, AUSSITÔT FAIT!

PENDANT QU'ARTHUR SCRUTE L'UNIVERS MARIN...

... À LA RECHERCHE DE SENSATIONS FORTES...

... LES DEUX COMPAGNONS PROFITENT DES RAYONS DU SOLEIL TOUT EN PHILOSOPHANT SUR LA VIE EN GÉNÉRAL.

C'EST PAS DRÔLE DE VIEILLIR, ÉVARISSE. DEPUIS UN TEMPS, J'AI TOUJOURS L'IMPRESSION D'OUBLIER QUELQUE CHOSE.

T'INQUIÈTE PAS AVEC ÇA! C'EST NORMAL D'OUBLIER DES PETITES CHOSES SANS IMPORTANCE À L'ÂGE OÙ ON EST RENDU!

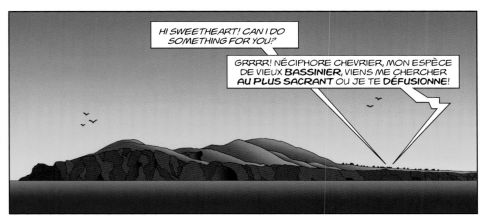

HI SWEETHEART! CAN I DO SOMETHING FOR YOU?

GRRRR! NÉCIPHORE CHEVRIER, MON ESPÈCE DE VIEUX **BASSINIER**, VIENS ME CHERCHER **AU PLUS SACRANT** OU JE TE **DÉFUSIONNE**!

AUX ÎLES, LE PASSAGE DES CANARDS, SARCELLES, **MOYACS** ET **KAKAOUIS** REPRÉSENTE TOUJOURS UNE BONNE RAISON POUR SE RETROUVER ENTRE AMIS À LA RECHERCHE D'UN FESTIN.

J'ESPÈRE QUE CARLO VA POUVOIR TROUVER ET RAPPORTER LES PROIES. JE LE TROUVE UN PEU JEUNE POUR FAIRE LA CHASSE.

AH BEN **CALVÂSSE!** JE L'AI ENTRAÎNÉ À LA P'TITE BAIE TOUT L'ÉTÉ À RAPPORTER DES **APPELANTS.** TE CASSE PAS LA TÊTE, IL VA BIEN NOUS DÉNICHER LES PRISES!

APRÈS AVOIR PLACÉ LES **APPELANTS** SUR L'ÉTANG, NÉCIPHORE ET ÉVARISSE S'INSTALLENT DANS LEUR **GABION** ET ATTENDENT PATIEMMENT LE PASSAGE D'UNE VOLÉE.

QUAND SOUDAIN...

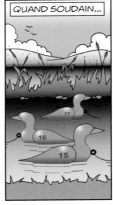

... DANS LE CIEL AU LOIN...

POW!
POW!

VOILÀ AUSSITÔT CARLO PARTI POUR LA GLOIRE.

VAS-Y CARLO! RAPPORTE-MOI CE BON P'TIT REPAS.

ALLEZ! RAPPORTE, CARLO, RAPPORTE!

CINQ MINUTES PLUS TARD, CARLO REVIENT AVEC QUELQUE CHOSE DANS LA GUEULE.

UNE SECONDE VOLÉE...

POW!
POW!

ET REVOILÀ CARLO QUI S'ÉLANCE JOYEUSEMENT EN QUÊTE D'UNE AUTRE PROIE.

TOURISTES PARTIS, SOLEIL AUSSI, LES MADELINOTS SE PRÉPARENT TRANQUILLEMENT POUR LA SAISON MORTE. CERTAINS JOUENT DE LA MUSIQUE, D'AUTRES NE PENSENT QU'À S'AIMER, NÉCIPHORE, QUANT À LUI, S'ATTARDE SUR UNE BONNE VIEILLE RECETTE DE **BAGOSSE**.

COMME LE DISAIT MON DÉFUNT PÈRE AVILA...

« MON GARÇON, Y A RIEN COMME UN P'TIT COUP DE **BAGOSSE** POUR S'ÉVADER DE L'HIVER! »

ALORS, AVEC 8 **GALLONS** D'EAU, 16 SACHETS DE LEVURE, 8 TASSES DE RAISINS SECS ET UNE QUINZAINE D'ORANGES...

ON AJOUTE 20 LIVRES DE SUCRE BLANC, 5 LIVRES DE CASSONADE...

ET, L'INGRÉDIENT SECRET DU BON VIEUX AVILA, 12 TRANCHES DE PAIN BRÛLÉ.

ON LAISSE DORMIR LE TOUT PENDANT 14 JOURS.

DEUX SEMAINES PLUS TARD, IL FAUT COULER LA **BAGOSSE**.

BON! GERMAINE, MAINTENANT QUE NOTRE POTION MAGIQUE A BIEN FERMENTÉ, C'EST LE TEMPS DE LA FAIRE REPOSER EN BOUTEILLES.

ON LA DÉLIVRE DE SES PARTICULES SOLIDES, ET ON PASSE À L'ÉTAPE DE L'EMBOUTEILLAGE.

POUR TERMINER, 2 CUILLERÉES À THÉ DE SUCRE DANS CHAQUE BOUTEILLE, ET LE TOUR SERA JOUÉ!

DEUX JOURS PLUS TARD, NÉCIPHORE FINALISE L'OPÉRATION EN SERRANT LES BOUCHONS TRÈS FORT.

VOILÀ LES RÉSERVES FAITES POUR LES LONGS MOIS D'HIVER.

DÉBUT DÉCEMBRE; C'EST LE MOMENT D'ALLER AU SAPIN.

REVIENS **BACK** D'ICI UNE HEURE, SINON, T'AURAS AFFAIRE À MOI!

J'VAIS COUPER LE SAPIN DE NOËL, ÇA NE SERA PAS LONG!

VOILÀ UNE AUTRE TRADITION TOUTE MADELINIENNE QUI CONSISTE, EN THÉORIE, À SE RENDRE EN FORÊT POUR COUPER SON ARBRE DE NOËL.

MAIS EN PRATIQUE, LA RECHERCHE DU SAPIN PARFAIT SE RÉVÈLE UNE TÂCHE ARDUE...

... COMPLEXE, MÊME...

... COLOSSALE! CAR EN RÉALITÉ, ALLER AU SAPIN EST LA PLUS BELLE EXCUSE POUR FAIRE LA FÊTE ENTRE AMIS.

D'AILLEURS, IL ARRIVE QUE LA FASTIDIEUSE RECHERCHE S'ÉCOURTE RAPIDEMENT AVEC UN ARRÊT CHEZ LE BON VIEUX VENDEUR DE SAPINS, OÙ L'ON TROUVE TOUJOURS LE MODÈLE PARFAIT QUI SAURA COMBLER LES ATTENTES.

LE GROS VENDEUR

AVEC L'ARBRE EN POCHE, ON PEUT SE PERMETTRE UN TOUT PETIT DÉTOUR...

CLUB DU VIEUX POÊLE

... QUI PEUT PARFOIS S'ÉTERNISER JUSQU'À L'AUBE.

CLUB DU VIEUX POÊLE

GRRR!!! J'T'AVAIS DIT UNE HEURE MAXIMUM! TU PARLES D'UNE HEURE POUR RENTRER!

ET TOI, ENCORE AVEC TON ROULEAU, TU PARLES D'UNE HEURE POUR FAIRE DES PÂTÉS!

31 DÉCEMBRE; LE RÉVEILLON DU JOUR DE L'AN.

PENDANT QU'ARMANDE S'OCCUPE À MERVEILLE DES PETITS PRÉPARATIFS EN VUE DU RÉVEILLON.

MON DIEU! J'SAIS PAS SI J'EN AI FAIT ASSEZ?!

FARINE

LES HOMMES, QUANT À EUX, EXÉCUTENT AVEC TOUT AUTANT D'ATTENTION LE MANDAT QUI LEUR A ÉTÉ CONFIÉ...

SOIT DE SURVEILLER LES CARTES POUR LE-GROS-BINGO-DU-JOUR-DE-L'AN.

N33 N33

ET AU FUR ET À MESURE QUE LA JOURNÉE AVANCE, CHACUN Y VA DE SA PETITE TOUCHE TOUTE PERSONNELLE POUR L'OCCASION.

AVEC LES ONGLES DE PIED FRAIS COUPÉS, JE VAIS POUVOIR ME **GREILLER** POUR LA SOIRÉE.

ET, SUR LE COUP DE MINUIT...

DING! DONG!

DING! DONG!

BONNE ANNÉE!

... ON CÉLÈBRE EN FAMILLE ET ENTRE AMIS, ON MANGE, ON CHANTE ET ON DANSE POUR SOULIGNER LE **CUL DE L'AN.**

FÉVRIER; LE VOYAGE DE GERMAINE, ARMANDE ET NÉCIPHORE.

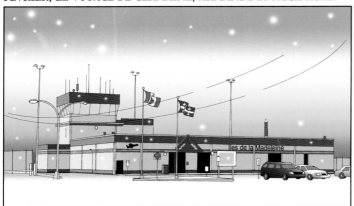

LES PASSAGERS POUR LE VOL 714 À DESTINATION DE CANCUN AVEC ESCALES À GASPÉ, SYDNEY, MONCTON, MONT-JOLI, SEPT-ÎLES, BAIE-COMEAU, QUÉBEC, MONTRÉAL ET TORONTO, SONT PRIÉS DE SE PRÉSENTER À LA PORTE N° I DU TERMINAL N° I. BREF, SORTEZ PAR LA PORTE DE DERRIÈRE!

POUR LA TOUTE PREMIÈRE FOIS DE SA VIE, NÉCIPHORE PRENDRA L'AVION ET PASSERA UNE SEMAINE COMPLÈTE AVEC SA FEMME. L'INCONNU FAIT-IL PEUR À CE VIEUX LOUP DE MER?

T'ES VRAIMENT CERTAINE DE VOULOIR FAIRE CE VOYAGE? MOI, J'SUIS PRÊT À ALLER SOUPER DEUX FOIS CHEZ TA MÈRE CETTE SEMAINE SI TU CHANGES D'IDÉE...

... PIS POURQUOI TU AS APPORTÉ ÇA?

ÇA? C'EST MON ARGUMENT SI TU N'ARRÊTES PAS DE FAIRE TON **FATCHIN**.

OUF! IL FAIT DÉJÀ TROP CHAUD, PIS ON N'A PAS ENCORE PASSÉ L'ÎLE D'ENTRÉE! T'ES SÛRE QUE TU VEUX Y ALLER? IL EST PAS TROP TARD, J'PEUX EN PARLER AU PILOTE!

GRRR!!!

OH! C'EST PAS COMME AUX ÎLES, LES **COCOTTES** SUR LES ARBRES SONT GROSSES EN **GÂDÈME**!

PLUSIEURS HEURES DE VOL PLUS TARD, L'AVION ARRIVE FINALEMENT À DESTINATION.

APRÈS LES PROCÉDURES HABITUELLES, NOS VISITEURS DEMANDENT UN TAXI POUR SE RENDRE À L'HÔTEL.

BONJOUR! JE SUIS NÉCIPHORE À AVILA! TOI, **À QUI ES-TU L'MOUSSE?**

TAXI

ARISTIDE À FÉLIPÉ À DIEUDONNÉ À FERDINAND À CARLOS À DIEGO À JOE, POUR VOUS SERVIR!

EN ROUTE VERS L'HÔTEL, NÉCIPHORE AIMERAIT BIEN PARTAGER UN PEU DE SON EXPÉRIENCE AVEC SON FIDÈLE COMPAGNON.

ÉVARISSE, ÉVARISSE, ES-TU À L'ÉCOUTE? À TOI!

MERCI ARISTIDE! SI TU PASSES PAR LE BASSIN, ARRÊTE JOUER UN *CRIB*, NOUS ON N'EST PAS *SORTEUX*.

HOTEL

PUIS, PENDANT TOUTE LA SEMAINE, NOS TOURISTES MADELINOTS IRONT DE DÉCOUVERTES EN DÉCOUVERTES. ÉVIDEMMENT, LES COMPARAISONS SERONT SOUVENT SOURCES DE DISCUSSIONS.

HUM! C'EST PAS COMME AUX ÎLES!

PFFFT! C'EST VRAIMENT PAS COMME AUX ÎLES!

OUF! C'EST PAS DU TOUT, MAIS PAS DU TOUT COMME AUX ÎLES!

AH! TIENS, REGARDE ARMANDE, PAREIL QU'AUX ÎLES! J'PENSE QUE JOSEPH S'EST ENDORMI À BORD DE SON *PONCHON*. J'ME DEMANDAIS AUSSI OÙ IL ÉTAIT PASSÉ CELUI-LÀ.

WINTER MAGDALEN MAIL

RRRRRRRRR zzzzzzz Z

APRÈS PLUSIEURS DÉCOUVERTES PAREILLES ET PAS DU TOUT PAREILLES QU'AUX ÎLES, LE TEMPS EST VENU POUR NOS VOYAGEURS DE RENTRER AU PAYS.

VOUS AVEZ QUELQUE CHOSE À DÉCLARER?

DOUANES

BEN CROIS-MOI, CROIS-MOI PAS, LÀ-BAS LEURS MAQUEREAUX SONT GROS D'MÊME...

MAIS, LEURS CHÂTEAUX DE SABLE... PFFFFT!

ET MÊME SI C'ÉTAIT L'FUN, J'SUIS CONTENT DE REVENIR CHEZ NOUS. JE NE MANQUERAIS PAS LA MI-CARÊME À FATIMA POUR TOUT L'OR DU MONDE!

PAF!

TOUJOURS DANS LA VEINE DES TRADITIONS MADELINIENNES, LA MI-CARÊME À FATIMA SE CLASSE COMME INCONTOURNABLE.

TOC
TOC
TOC

POUR L'OCCASION, LA SOIRÉE DÉBUTE SUR LES CAPS, CHEZ SIMÉON À AUGUSTIN, OÙ REELS DE VIOLON ET VERRES DE BAGOSSE FONT BON MÉNAGE, AU GRAND BONHEUR DES CONVIVES.

AH! LE PÈRE NOËL ET LA MÈRE SUPÉRIEURE. ENTREZ DONC PRENDRE UN P'TIT REMÈDE!

TOUT LE MONDE EN PLACE, ON POURSUIT AVEC LE REEL DE LA MI-CARÊME CHEZ SIMÉON.

PUIS, ENTRE DEUX CHANSONS, GUSTAVE LE CONTEUR S'AVANCE POUR EN POUSSER UNE P'TITE VITE!

L'AUTRE JOUR, J'RENCONTRE TI-PAUL LE MENTEUR. IL ME DEMANDE CE QUE J'AVAIS FAIT LA VEILLE...

JE LUI RÉPONDS QUE J'ÉTAIS ALLÉ À LA PÊCHE. IL ME DIT QUE LUI AUSSI ET QU'IL AVAIT PRIS UNE TRUITE DE 100 LIVRES, DRETTE DANS LE LAC SOLITAIRE...

ALORS LÀ, JE LE REGARDE DROIT DANS LES YEUX PUIS J'LUI DIS: BEN MOI, J'ÉTAIS EN HAUTE MER ET J'AI PÊCHÉ UN FANAL ALLUMÉ...

LÀ, TI-PAUL ME REGARDE SCEPTIQUE ET ME DIT: « BONHOMME! ÇA SE PEUT PAS TON HISTOIRE... »

BEN! JE LUI AI RÉPONDU: « OKAY! BAISSE LE POIDS DE TA TRUITE PIS MOI, J'ÉTEINS MON FANAL. »

HA HA HA HA HA HA
HA HA HA
HA HA HA

FIN MARS; LES PHOQUES SUR LA BANQUISE.

AU MOIS DE MARS, NÉCIPHORE ET ÉVARISSE AIMENT BIEN SE RENDRE SUR LA BANQUISE...

POUR Y « CHASSER » LE PHOQUE.

MAIS DE NOS JOURS, LES OUTILS DE CHASSE ONT BIEN CHANGÉ. LE GOURDIN A LAISSÉ SA PLACE À L'APPAREIL PHOTO...

TOUT COMME LES MOYENS UTILISÉS POUR SE RENDRE EN PLEIN COEUR DE LA **MOUVÉE.**

MÊME LES PARTENAIRES DE CHASSE QUI LES ACCOMPAGNENT ONT, EUX AUSSI, BIEN CHANGÉ...

AINSI, AUJOURD'HUI, C'EST PRINCIPALEMENT POUR LE PLAISIR DES YEUX QU'ON SE RETROUVE SUR LA BANQUISE.

À CHACUNE DE LEURS EXCURSIONS SUR LES GLACES, NÉCIPHORE ET ÉVARISSE SE FONT UN DEVOIR DE RACONTER AVEC FIERTÉ ET ÉMOTION LA PRATIQUE DE LA CHASSE À UNE CERTAINE ÉPOQUE.

VRAI COMME JE SUIS LÀ... EN PLEINE NUIT... SEUL PARMI LES GLACES...

LES VISITEURS, SUSPENDUS À LEURS LÈVRES, ONT À COUP SÛR UN RENDEZ-VOUS AVEC L'HISTOIRE DES ÎLES.

C'EST QUASIMENT PAS CROYABLE, MAIS PAROLE D'ÉVARISSE, CROYEZ-MOI QUE C'EST VRAI!

ILS APPRENNENT AVEC TRISTESSE LE DRAME DE LA **FAMILLE DES LEBEL**...

MAIS ÉGALEMENT, LES EXPLOITS PEU COMMUNS DES GRANDS CHASSEURS: NAZAIRE, NATHAËL, GRAND JEAN, WELLIE, ETC.

OH! WOW! REALLY?

OOOOOH! AAAAAH!

PENDANT QUE LES DEUX PÊCHEURS RACONTENT GÉNÉREUSEMENT LES ÎLES, LES PHOQUES SE PRÉLASSENT PAISIBLEMENT AU SOLEIL, LES TOURISTES SONT COMBLÉS, ET LES MORUES PARTIES ON NE SAIT OÙ...

BEN, SI C'EST PAS ÇA, LE PARADIS!...

BIENTÔT, LES ÎLES SE RÉVEILLERONT DE NOUVEAU POUR UNE AUTRE SAISON, POUR RELEVER D'AUTRES DÉFIS, POUR VOUS PRÉSENTER DE NOUVELLES HISTOIRES...

BON, ÇA RECOMMENCE !

LES SECRETS CULINAIRES DES ÎLES...

BOUILLI À LA VIANDE SALÉE
DE LA BELLE-MÈRE
(environ 10 personnes)

Ingrédients

5 gallons de viande salée
10 pattes de porc
6 épis de maïs

4 oignons
20 carottes
Fèves jaunes

2 navets
1 chou
15 pommes de terre

2 onces de gin
1 cuillère à soupe de cassonade

Faire tremper la viande salée dans l'eau froide pendant au moins 1 journée (changer d'eau 3 à 4 fois au total). Faire cuire la viande et les oignons (ajouter 1 tasse d'eau) à feu bas pendant une demi-heure. Ajouter les navets, carottes, chou, pommes de terre et fèves jaunes (dans l'ordre). Délayer la cassonade dans le gin et arroser les légumes. Faire cuire à feu doux de 3 à 4 heures.

Pour les pâtes, 20 minutes avant de passer à table : mélanger 2 tasses de farine, 1/2 c. à thé de sel, 3 c. à thé de poudre à pâte et 1/2 tasse d'eau froide (donne une pâte ferme). Découper avec une cuillère à soupe et déposer dans le bouilli 15 minutes avant la fin de la cuisson, couvrir et ne pas ouvrir avant la fin.

STEW AUX PALOURDES D'ARMANDE
(environ 4 personnes)

Ingrédients

2 pots de palourdes
1 boîte de pâte de homard

6-8 pommes de terre coupées en cubes
2 boîtes de crème de champignons

2 tranches de bacon cuit
2 échalotes en rondelles

Beurre, sel, poivre, thym et persil au goût

Dans le chaudron, faire cuire le bacon, ajouter les échalotes puis les palourdes et les pommes de terre (3-4 minutes en remuant). Ajouter le jus des palourdes et assaisonner. Ensuite, verser la crème de champignons, ajouter la pâte de homard, et faire cuire jusqu'à ce que les pommes de terre soient tendres. Saupoudrer de persil et servir (dans un bol c'est merveilleux, dans une petite miche de pain creusée, c'est fabuleux!).

LA BAGOSSE DE NÉCIPHORE À AVILA

Ingrédients

8 gallons d'eau tiède
16 sachets de levure
8 tasses de raisins secs

20 livres de sucre blanc
15 oranges coupées en quartiers

5 livres de cassonade
12 tranches de pain brûlé

Dans un récipient de 15 gallons, mélanger les ingrédients à l'eau, laisser macérer une douzaine de jours au chaud (température de la pièce). Couler (avec un coton à fromage ou une passoire) plusieurs fois et mettre dans de grosses bouteilles, ajouter 2 c. à thé de sucre par bouteille. Mettre les bouchons sans les serrer, attendre deux jours, puis les serrer fortement.

GLOSSAIRE

APPELANT : Oiseau en bois ou en plastique utilisé par les chasseurs pour attirer le gibier.

À QUI ES-TU L'MOUSSE : Qui est ton père ? De qui descends-tu ? (Question couramment posée aux Îles pour connaître la filiation ou l'appartenance à une famille)

ARMANAS : Balivernes, vantardises ; éloges exagérés et peu crédibles.

ASTEUR : Maintenant, à présent (déformation de la locution « à cette heure »).

ATTRIQUÉ : Habillé – le terme attirant l'attention sur la manière dont on est habillé, arrangé, fagoté, ficelé.

AU PLUS SACRANT : Le plus tôt possible, sans traîner un seul instant.

AVANT-JOUR : À l'aube, juste avant la levée du jour.

BACK : De retour. Ramène-toi *back* signifie « Reviens ». Cet adverbe anglais renforce aussi le sens de verbes comme renvoyer, rendre, redonner – par exemple un objet prêté.

BAGOSSE : Alcool fait maison (voir la recette p. 38). Désignait aussi l'alcool frelaté et clandestin au temps de la prohibition.

BARRER : Fermer à clé.

BARRIÈRE : Outre le sens courant, peut désigner l'allée qui mène à la maison ou encore l'espace de stationnement qui la jouxte.

BASSINIER : Habitant ou natif de Bassin, localité des Îles.

BIG HILL : La plus haute butte des Îles, qui culmine à 175 mètres et offre une vue splendide sur la mer et l'ensemble de l'archipel.

BOUETTE : Mixture préparée par les pêcheurs pour appâter les poissons, les crustacés ou les phoques.

BOUILLI À LA VIANDE SALÉE : Ragoût à base de salaisons et de pieds de porc (Voir la recette p. 38.), spécialité des Îles.

BROCHE : Fil de fer ; treillis métallique pour grillages ou clôtures.

CALVÂSSE : Juron qui exprime la surprise, l'impatience ou la colère.

CANEÇONS À GRANDES MANCHES : Caleçons longs.

CANISSE : Canette de boisson et, par extension, son contenu. Ici, une canisse signifie « une bière ».

CAP ALLRIGHT : Cap situé au Havre-aux-Maisons et qui représente, comme plusieurs autres éléments de l'archipel, un repère visuel pour les pêcheurs en mer.

ÇA VA ÊTRE FORT : Cela s'annonce bien ; le succès est assuré ; les attentes seront comblées.

CHAR : Véhicule automobile.

CHUMMY : Camarade, ami (terme affectueux, dérivé de l'anglais *chum*).

COCOTTE : Pomme de pin, cône écailleux du pin et autres conifères.

CRIB : (abréviation de *cribbage*) Jeu de société très populaire aux Îles, qui utilise une planche trouée et un jeu de cartes.

CUL DE L'AN : 31 décembre, dernier jour de l'année.

DÉBLÂMES : Excuses, prétextes, faux-fuyants.

DÉFUSIONNER : Aux Îles comme ailleurs au Québec, les fusions municipales ont été très controversées. Leur contestation massive a mené à des « défusions », c'est-à-dire à leur annulation – terme ici synonyme de divorce ou de démantèlement.

DÉPENSE : Pièce de la maison où l'on cuit les repas, et où l'on range également la vaisselle et entrepose les aliments.

DOLOSSE : Brise-lames, construction de béton à l'entrée d'un port pour le protéger contre les vagues du large.

DRETTE : Tout droit, directement.

EN AVANT DE SA BOUÉE (ÊTRE) : Être bien nanti, au-dessus de tout souci matériel. On dit aussi « Être au-dessus de ses affaires ».

ÉPIVARDER (S') : S'exciter, s'amuser avec exubérance, faire le fou – ou la folle.

ESCORER (S') : S'avachir, se mettre à l'aise, s'installer confortablement.

ESCOUER (S') : Se secouer ou s'agiter ; se frotter les mains.

FAMILLE DES LEBEL : Famille dont six membres, des chasseurs, perdirent la vie en se noyant lorsque la glace céda sous leur poids. Cet accident, survenu en 1911, a marqué les Madelinots et marque encore leur mémoire collective aujourd'hui.

FATCHIN : Insouciant, paresseux et quelque peu impertinent.

FRETTE : Froid. Une petite frette désigne une bière bien fraîche.

GABION : Cachette ; abri où se dissimulent les chasseurs de gibier d'eau.

GÂDÈME : Juron, probablement dérivé des termes anglais *God* et *damned*.

GALLON (IMPÉRIAL) : Mesure de capacité anglo-saxonne, qui équivaut à 4,54 litres. Un « cinq gallons » est simplement un baril de cette contenance, ou son contenu.

GOSSER : Fabriquer à la main, plus ou moins adroitement – en particulier pour parler d'objets en bois que l'on taille et sculpte au couteau.

GRANDE ÉCHOURIE (LA) : Magnifique plage des Îles située à Old Harry.

GRANDE TERRE (LA) : Nom qui désigne le continent, par opposition aux Îles.

GRAVE (LA) : Endroit typique des Îles situé à Havre-Aubert, autrefois très propice aux pêcheurs.

GREILLER (SE) : (ou se greyer) S'habiller, se préparer pour sortir, se munir. Dérivé du verbe « gréer », c'est l'un des termes de marine qui ont subsisté dans le vocabulaire familier du Québec.

GROCERIE : De l'anglais *grocery*, épicerie. Ce mot est encore très employé par les Madelinots.

GLOSSAIRE (suite)

KAKAOUI : Canard de mer.

LA V'LÀ BEN COULORÉE : Contraction et déformation de mots typique; « La voilà bien colorée. »

LES CAPS : Localité de l'île de Cap-aux-Meules.

LOUSSE : De l'anglais *loose*, lâche, peu serré ; par extension, libre, indépendant.

MACAROUNI : Déformation de « macaroni », avec une nuance péjorative.

MARTINIQUE (LA) : Lieu de villégiature en bord de mer, sur l'île de Cap-aux-Meules – bien loin des Caraïbes…

MINE DE SEL : Importante industrie des Îles. En 1995, inondée par de désastreuses infiltrations d'eau, elle dut être évacuée. Elle fut rouverte 19 mois plus tard, au grand bonheur des quelque 200 travailleurs qui avaient été forcés au chômage.

MOUVÉE : Troupeau de phoques, ou loups marins.

MOYAC : Oiseau de mer de la famille du canard ; jeune garçon téméraire et insolent.

NACELLE : Petite embarcation, canot.

NOËL DE CAMPEUR : Tradition populaire chez les campeurs, qui consiste à reproduire les fêtes de Noël pendant les vacances d'été, avec décorations et accessoires d'usage.

NOROÎT : Vent du nord-est. Il est par conséquent redondant de dire « vent du noroît », bien que beaucoup emploient cette locution.

PALABRES : Aux Îles, ce terme désigne surtout les histoires ou anecdotes plus ou moins véridiques que les gens peuvent raconter – plutôt que les discours ou discussions interminables du sens courant.

PARTY : Fête animée entre de nombreux convives.

PAYER LE TABAC : Permettre de subvenir aux petites dépenses.

PICOTS : Points ou pois, que l'on peut trouver aussi bien sur des tissus imprimés que dans la nature. Une chemise, une feuille d'arbre, une peau, peuvent être « picotées ».

PIEDS-DE-VENT : Rayons du soleil qui transpercent les nuages.

PINTE : Mesure de capacité anglo-saxonne, qui équivaut à 1,14 litre au Canada.

PIQUER UNE JASETTE : Entamer une conversation, bavarder.

PLATIER : Haut-fond sablonneux ou graveleux qui se découvre à marée basse.

POGNER : Attraper, tenir, saisir.

POINTE-AUX-LOUPS : Plus petit canton des Îles qui héberge environ une cinquantaine de maisons.

POINTE DE L'EST (LA) : Zone nord-est des Îles, où se trouve la superbe plage de Old Harry.

PONCHON : Tonneau que quelques citoyens de Havre-Aubert lancèrent à la mer en 1910, afin d'alerter les autorités fédérales de l'état d'isolement de l'archipel, après le bris d'un câble sous-marin qui entraîna la rupture du lien télégraphique avec le continent. Ici, bien sûr, la réplique de ce tonneau…

POUCE (SUR LE) : Dans ce contexte, en auto-stop. Faire du pouce signifie « faire du stop, ou de l'auto-stop ».

P'TITE VITE : Action rapide, qui peut aussi bien désigner un amusement impromptu qu'un mauvais coup rapidement exécuté.

RÂCLOS : (contraction des mots « rang » et « clos ») Emplacement où l'on parque des animaux de ferme.

REEL : Pièce de musique folklorique entraînante, principalement jouée au violon.

RIGGING : (mot anglais) Gréement, ensemble des instruments et autres objets nécessaires à la réalisation d'une tâche.

ROUGE : Allusion à la couleur des homards cuits, qui s'inspire des allusions fréquentes à la « couleur » politique, c'est-à-dire l'obédience, en période électorale.

RUBBER : (mot anglais) Caoutchouc.

RUN : Déroulement d'une activité, durée et actions nécessaires pour l'accomplir d'un bout à l'autre.

SANDY HOOK : Plage populaire des Îles située à Havre-Aubert.

SIAU : Seau.

SORTEUX : Qui aime sortir pour s'amuser et faire la fête. Pas sorteux signifie au contraire « casanier, pantouflard ».

STEW AUX PALOURDES : De l'anglais *stew*, ragoût. Spécialité des Îles (voir la recette p. 38).

TRAWL : (mot anglais) Chalut, filet ; ligne de fond pour la pêche à la morue et quelquefois à l'anguille ; enfilade de casiers à homards.

VACANCES DE LA CONSTRUCTION : Période qui couvre les deux dernières semaines de juillet et qui correspond aux congés annuels des travailleurs de la construction – ainsi qu'à ceux de nombreux Québécois.

VENT D'BOUTTE : Déformation de « vent debout », face au vent ; au sens figuré, surpris par une situation inattendue, pris au dépourvu.

Y A PAS DE SOIN : Peu importe ; il n'y a pas de quoi s'inquiéter, pas de problème.

YOÙSQUE : Où ; où est-ce que.

ZIP : (mot anglais) Fermeture à glissière.

* Certaines définitions ont été inspirées par l'ouvrage de Chantal Naud, Dictionnaire des régionalismes du français parlé des îles de la Madeleine (L'Étang-du-Nord, Les Éditions Vignaud, 1998, 310 pages).

Îles-de-la-Madeleine

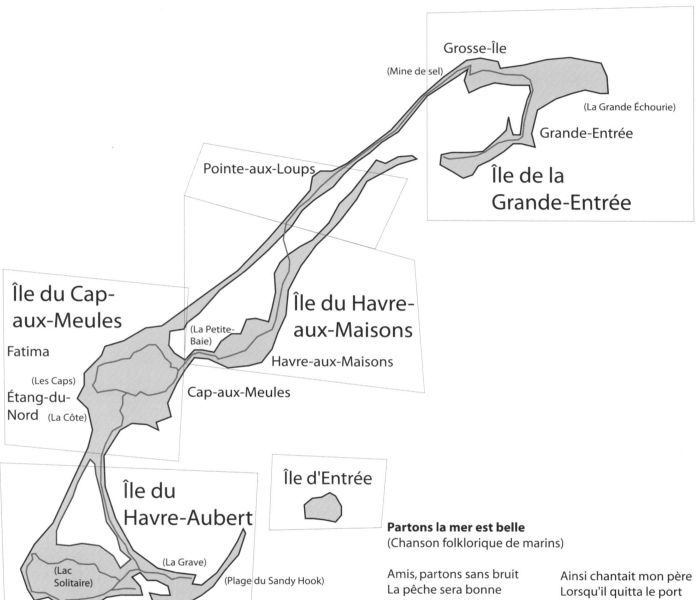

Grosse-Île

(Mine de sel)

(La Grande Échourie)

Grande-Entrée

Île de la
Grande-Entrée

Pointe-aux-Loups

Île du Cap-
aux-Meules

Fatima

(La Petite-
Baie)

Île du Havre-
aux-Maisons

(Les Caps)

Étang-du-
Nord   (La Côte)

Havre-aux-Maisons

Cap-aux-Meules

Île du
Havre-Aubert

Île d'Entrée

(La Grave)

(Lac
Solitaire)

(Plage du Sandy Hook)

Bassin   Havre-Aubert

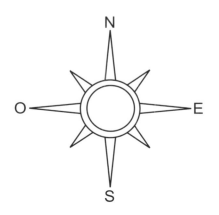

N

O — E

S

Partons la mer est belle
(Chanson folklorique de marins)

Amis, partons sans bruit
La pêche sera bonne
La lune qui rayonne
Éclairera la nuit.
Il faut qu'avant l'aurore
Nous soyons de retour
Pour sommeiller encore
Avant qu'il soit grand jour.

REFRAIN:
Partons, la mer est belle
Embarquons-nous, pêcheurs
Guidons notre nacelle
Ramons avec ardeur.
Aux mâts hissons les voiles
Le ciel est pur et beau
Je vois briller l'étoile
Qui guide les matelots.

Ainsi chantait mon père
Lorsqu'il quitta le port
Il ne s'attendait guère
À y trouver la mort.
Par les vents, par l'orage
Il fut surpris soudain
Et d'un cruel naufrage
Il subit le destin. (refrain)

Je n'ai plus que ma mère
Qui ne possède rien
Elle est dans la misère
Je suis son seul soutien.
Ramons, ramons bien vite
Je l'aperçois là-bas
Je la vois qui m'invite
En me tendant les bras. (refrain)